NOTES

POUR SERVIR A L'HISTOIRE

DES

INSECTES NUISIBLES

A L'AGRICULTURE

DANS LE DÉPARTEMENT DE LA MOSELLE,

Par J.-B. GÉHIN,

Pharmacien de 1re classe, — Membre du Jury médical de la Moselle,
— Secrétaire du Conseil central d'hygiène du département, — Membre de la Société
entomologique de France, — des Sociétés d'Histoire naturelle et de Médecine de Metz, —
Correspondant des Sociétés linnéennes de Lyon, — d'Histoire naturelle
de Luxembourg, — Entomologique de Stettin, etc., etc.

Numéro 1.

INTRODUCTION.

Extrait du Journal de la Société d'horticulture de la Moselle.

METZ

Typographie de ROUSSEAU-PALLEZ, Éditeur,

Imprimeur de la Société, Libraire de l'Académie impériale,

RUE DES CLERCS, 14.

1856

Notes pour servir à l'histoire des insectes nuisibles à l'horticulture

DANS LE DÉPARTEMENT DE LA MOSELLE,

Par M. J.-B. Géhin, pharmacien de première classe à Metz,
membre de la Société d'horticulture de la Moselle, etc.

INTRODUCTION

Aide-toi, le ciel t'aidera.

Pour beaucoup de gens, l'entomologiste n'est encore autre chose qu'un original ayant la manie de chasser les insectes, de les piquer et de les classer dans une boîte avec des étiquettes portant des noms plus ou moins bizarres et baroques.

On ne saurait nier ce fait qu'il y a encore des entomologues de cette nature, et que beaucoup ont commencé par là. Mais il faut aussi admettre que leur nombre diminue à mesure que la science fait des progrès, et que, tôt ou tard, les naturalistes qui persistent dans l'étude de l'entomologie finissent par abandonner les spéculations théoriques pour éclairer ou approfondir quelque point pratique et appliqué de l'histoire des insectes.

Considérée à ce dernier point de vue, l'histoire de ces petits animaux présente un intérêt extrêmement puissant. En effet, si, après avoir étudié la forme et les fonctions de leurs organes, on cherche à pénétrer les mystères qui enveloppent l'accomplissement de leurs diverses métamorphoses, ou à connaître leurs mœurs, leurs instincts, leurs habitudes, on ne tarde pas à trouver l'existence de ces chétives créatures liée intimement à la culture du sol, à l'aménagement des forêts, à la conservation des denrées alimentaires, etc., et par suite, à la fortune publique des nations. C'est par centaines de millions de francs qu'il faut compter les pertes annuelles causées à notre agriculture par les insectes nuisibles.

L'histoire nous a conservé le souvenir de véritables calamités publiques causées par des sauterelles, *des vers*, des chenilles, des insectes. Selon toute probabilité, ce sont encore, de nos jours, les mêmes espèces qui attaquent nos céréales, nos vignes et nos forêts. Cependant il est bon de faire remarquer que les noms en usage aujourd'hui par les entomologistes, ne correspondent pas toujours aux insectes signalés par les auteurs anciens ; ainsi le *Melolontha* des Grecs n'est pas notre hanneton commun, mais le *Lethrus cephalotes* de nos catalogues ; cette espèce cause souvent de grands ravages dans les vignes de la Hongrie. L'*Ips*, dont parle Homère dans *l'Illiade*, n'a pu, faute de description, être rapporté à nos espèces connues ; l'*Ips* de Strabon est la larve de notre *Eumolpus vitis*, que Columelle désigne sous le nom de *Volucra*[1].

Le Deutéronome, le Livre de Job, le Psalmiste, les prophètes Jonas, Amos, Joël, etc., font déjà mention de *vers* et d'insectes nombreux attaquant les céréales, les figuiers et les vignes.

Homère, Strabon, Aristote et Théophraste nous signalent aussi des insectes nuisibles aux forêts, à la vigne, à l'aristoloche, etc.

Parmi les latins, Columelle, Cicéron, Plaute, Caton et Pline commentent, copient, exagèrent ou complètent ce qu'avaient écrit les Grecs sur les vers, les chenilles et les insectes nuisibles. Au moyen âge enfin, les faits de cette nature qui nous ont été conservés par les écrivains de cette époque, ne sont, en général, que la reproduction de ceux de l'antiquité, ou, s'ils sont nouveaux, on les trouve empreints des idées superstitieuses du temps, et tous accusent la plus complète ignorance entomologique.

Les cultivateurs qui avaient ainsi à subir les ravages causés

---

[1] Voyez Walkenaer, *Annales de la Société entomologique de France*, année 1835, page 687 et suivantes.

par les insectes, leurs chenilles ou leurs larves, soit d'une manière permanente, soit à des époques déterminées, durent nécessairement rechercher les moyens propres à éviter ces dégâts ou à se débarrasser de ces parasites incommodes.

Aussi trouvons-nous déjà, dans les Géoponiques, des indications pour éviter la formation des petits vers qui rongent la vigne et mangent ses bourgeons. Columelle conseille l'emploi du sang d'ours ou de l'huile cuite pour enduire le tronc des arbres afin d'en éloigner les insectes, et l'usage de l'ail ou de la peau de castor pour frotter les instruments avec lesquels on doit tailler les arbres.

Certainement ces moyens sont peu efficaces et surtout peu praticables de nos jours; mais toujours est-il qu'ils sont beaucoup plus rationnels que ceux dont le moyen âge nous a conservé la recette. Les réquisitoires et les exorcismes sont en effet les seuls remèdes employés, et encore, pour comble d'erreur, ces peines ne sont applicables qu'aux *vilaines bestes* et non aux individus qui auraient pu ou dû chercher à les détruire et qui négligeaient de le faire.

Chorier, dans son histoire du Dauphiné, raconte qu'au commencement du seizième siècle, le procureur général fit un réquisitoire pour enjoindre aux chenilles qui s'étaient considérablement multipliées « *de déguerpir et de vider les lieux.* » En 1543, les chenilles ayant causé de grands dommages dans le midi de la France, la municipalité de Grenoble, sur la proposition de l'un de ses membres, prenait une décision « *tendant à prier Monsieur l'official de vouloir excommunier lesdites bestes* (les chenilles), *et de procéder contre elles par voie de censure, pour obvier aux dommages qu'elles faisaient journellement et qu'elles feraient à l'avenir.* [1] »

Pourquoi donc maintenant nous étonner de tant de naïveté et d'une pareille ignorance, quand nos campagnards se laissent encore exploiter par des individus dont les grimaces et les contorsions ont la vertu de guérir leur vache, de chasser

---

[1] Voy. *Themis*, t. 1, page 197.

leurs rats ou de désensorceler leur troupeau, et cela en France, au dix-neuvième siècle et dans des localités traversées chaque jour par la locomotive et l'étincelle électrique. Ne faut-il pas chercher l'explication de pareilles anomalies dans un vice inhérent à tous les peuples et à toutes les époques, celui de l'insouciance générale pour les calamités quelconques, lorsqu'elles sont passées ou conjurées. Qu'une invasion de la Pyrale détruise les espérances de nos vignerons, que les Scolytes fassent mourir des milliers d'arbres de nos forêts, que le Chlorops ou la Cécydomyie compromettent les récoltes de toute une contrée, alors tout le monde s'émeut, on accuse la science d'impuissance et le gouvernement de mauvais vouloir, et l'on s'empresse d'accorder confiance à tous les empiriques qui préconisent des remèdes insuffisants ou inapplicables. Puis la crise éloignée, le mal est vite oublié et tout le monde passe des craintes les plus exagérées à la sécurité la plus coupable.

Heureusement qu'à travers ces erreurs et ces défauts, la science entomologique n'a pas ralenti sa marche, et que, grâce aux travaux des Réaumur, des Lyonnet, des Degéer, des Geoffroy, des Audouin, des Erichson, des Macquart (pour ne parler que de ceux qui ne sont plus), on peut dire que maintenant déjà nous connaissons le plus grand nombre des ennemis que nous avons à combattre. La science en a tracé les mœurs, les ruses, les instincts, les habitudes, et, dans la plupart des cas, la question serait complètement résolue si les frais de destruction n'égalaient ou ne dépassaient les produits à sauver. On accordera volontiers qu'à ce point de vue la solution ne dépend plus seulement de l'entomologiste, et l'on peut même assurer que si les hommes pratiques étaient en général moins étrangers à tout ce que l'on connaît sur les habitudes des insectes, ils auraient déjà doté l'agriculture de procédés économiques propres à éloigner bien des causes de destruction en introduisant des espèces ou des variétés à l'abri des attaques de certains insectes, ou en modifiant les procédés de culture en usage dans certaines localités.

Cependant une question se présente à l'esprit, et son importance mérite de fixer notre attention. La science seule suffit-elle pour conduire aux résultats qu'on veut atteindre? et l'État lui-même n'a-t-il pas une mission à remplir? enfin, dans quelles limites son intervention doit-elle être réclamée? Pour arriver à jeter quelque lumière sur cette partie du problème, il est bon d'examiner les tentatives faites par le gouvernement pour encourager ou récompenser les travaux d'entomologie appliquée, et l'état de la législation concernant la destruction des animaux nuisibles, l'échenillage, etc.

La France, qui a tant de titres pour revendiquer l'honneur de marcher à la tête des nations, est malheureusement fort en retard sous le rapport des institutions agricoles et de la plupart de celles qui s'y rattachent. Nous n'avons pas de chaire où l'on enseigne, comme en Allemagne, l'entomologie forestière et appliquée, et c'est à peine si nous avons eu quelques missions scientifiques pour étudier chez nous les insectes qui nous rongent, tandis que l'on prodigue relativement les expéditions lointaines pour explorer les contrées nouvelles et en rapporter les productions [1].

Les missions confiées, en 1836, à Audouin pour étudier la pyrale de la vigne, en 1846 et 1847, à M. Guérin-Méneville pour étudier les insectes qui ravageaient les oliviers et les céréales du midi de la France, ont cependant produit d'assez beaux résultats pour engager le gouvernement à user plus souvent du savoir et du dévouement de plusieurs entomologistes dont les travaux sont depuis longtemps dirigés vers la solution pratique des questions de cette nature.

Fournel, dans son *Traité du voisinage* (tome 1, page 505), cite l'arrêt du Parlement de Paris, *du 4 février 1732*, comme ayant introduit en France l'obligation légale de détruire les insectes nuisibles. Mais comme les mesures prescrites n'avaient été suggérées que par l'abondante quantité de chenilles qui,

---

[1] Il ne faut pas pour cela que l'on me prête l'idée de combattre ici le rôle sérieux et si souvent utile des expéditions scientifiques. — Je ne fais que comparer.

— 8 —

en 1731, avaient ravagé une partie du royaume, il s'ensuivit que les dispositions de cet arrêt du Parlement de Paris ne furent que relatives à la destruction des larves de lépidoptères. Cet arrêt, en effet, « prononce une amende de 30 livres, ou autre plus grande s'il y échet, contre toute personne qui n'aura pas échenillé, et ordonne que les bourses et toiles seront tirées des haies, arbres ou buissons, et qu'elles seront sur-le-champ brûlées dans un lieu de la campagne où il n'y aura aucun danger de communication du feu[1]. »

Je dois à l'obligeance de notre honorable collègue, M. Victor Simon, conseiller à la Cour impériale de Metz, la communication d'un arrêt du Parlement de Metz, en date du *24 janvier 1732*, qui ordonne « aux maires et habitants de chaque village du ressort, de couper toutes les branches sur lesquelles se trouvent des nids de chenilles, et de les brûler avant le 15 mars. » Cet arrêt antérieur de quinze jours environ à celui du Parlement de Paris cité par Fournel, fait donc remonter au Parlement de Metz l'honneur d'avoir pris l'initiative de dispositions légales pour faire écheniller. Il est probable que c'est encore l'abondance des chenilles dans le pays messin, en 1731, qui aura motivé cet arrêt, et c'est pour cela qu'il n'y est question que de ces animaux.

Aux prescriptions de l'arrêt du 4 février 1732, il faut ajouter les règlements particuliers que firent les intendants de provinces pour en assurer l'exécution et dont plusieurs furent transformés en arrêts du Parlement, notamment celui du 2 mars 1738, de M. l'intendant de Paris « pour faire écheniller les haies, jardins et héritages dans l'étendue des paroisses de la Généralité de Paris[2]. »

L'article premier du titre XVIII du Code de police pour les villes et faubourgs de Nancy, en date du 24 décembre 1768, et homologué le 4 janvier 1769 par arrêt de la cour

---

[1] Voyez le mot *Chenille*, p. 159 du *Dictionnaire* ou *Traité de police générale*, par Edm. de la Poie de Fréminville.

[2] *Code rural*, tome 2, page 475, édition de 1762.

souveraine de Lorraine et du Barrois, prescrit l'échenillage en prononçant « une amende de cinq sols par nid pour la première fois, 3 livres pour la seconde et 10 livres pour la troisième, applicable au domaine du Roy. »

Dans la loi du 28 septembre 1791 (section IV, art. 20), l'assemblée constituante recommandait aux corps administratifs « d'encourager les habitants des campagnes par des récompenses, et suivant les localités, à la destruction des animaux malfaisants qui peuvent ravager les troupeaux, ainsi qu'à la destruction des animaux et *des insectes qui peuvent nuire aux récoltes.* »

Ici déjà la question fait un grand pas, puisqu'elle n'est plus applicable aux chenilles seulement, mais à tous les insectes nuisibles; malheureusement il n'y avait ni obligation de le faire, ni sanction pénale pour les négligents, et ces sages instructions, comme beaucoup d'autres, sont restées à l'état de lettres mortes dans les cartons des administrations départementales.[1]

Sous le Directoire, l'arrêt du Parlement de 1732 fut mo-

---

[1] M. Chabert, notre obligeant secrétaire, possède, dans sa collection de manuscrits, une pièce provenant de la bibliothèque du comte Emery, et qui contient un règlement rendu le 22 février 1638, signé par Abraham Fabert, alors maître-échevin de Metz, conformément à un avis du grand conseil, et qui enjoint aux gens des campagnes, aux environs de la ville et proche d'icelle, ou placés sous sa juridiction, de détruire par le feu ou autres moyens, les nids et amas de chenilles et *autres insectes nuisibles* se trouvant sur les arbres fruitiers et autres espèces, et dans le plus bref délai. « *Ce faisant ainsi,* mentionne le règlement dont il s'agit, *on fera devoir; car, on y a été ci-devant contrainct par précédentes ordonnances, et on en retirera grand profit.* »

Ce document est remarquable en ce qu'il y est déjà fait mention *des insectes nuisibles autres que les chenilles.*

Cette circonstance me fit soupçonner l'existence de quelque naturaliste parmi les Treize ou parmi les Conseillers de la cité, et en effet, parmi ces derniers figurait, en 1638, un nommé Geoffroy que dom Sébastien Floret cite comme naturaliste dans ses annales manuscrites. Je crois qu'on peut, en toute justice, lui attribuer l'honneur d'avoir introduit les mots, *et autres insectes,* dans l'arrêt de règlement dont il s'agit. Ce Geoffroy serait-il parent ascendant de l'illustre auteur de l'histoire des insectes des environs de Paris?

difié et transformé en loi le 26 ventôse an IV. Comme les arrêtés qui lui ont servi de base, cette loi ne parle que de l'obligation d'écheniller, du commencement de chaque année (23 septembre) au 1er ventôse (22 février), et prononce une amende qui ne pourra être moindre de trois journées de travail et plus forte de dix (articles 1 et 6). L'article 2 ordonne, sous les mêmes peines, de brûler les bourses et toiles qui seront tirées des arbres. L'article 3 prescrit aux administrateurs des départements (les préfets) de faire écheniller, dans le délai précité, les arbres étant sur les domaines nationaux non affermés. L'article 4 charge les maires de surveiller l'exécution de la loi, les déclare responsables des négligences qui seront découvertes, etc. Enfin, l'article 8 prescrit aux maires des communes de publier chaque année cette loi avant le 1er pluviôse (22 janvier).

Il est certain que si, à l'époque où furent votées ces dispositions, on eût consulté des hommes spéciaux, on eût pu faire beaucoup mieux, et que l'on eût rendu obligatoire la destruction de tous les insectes qui attaquent nos cultures ou nos provisions, soit à l'état de larve ou de nymphe, soit à l'état d'insecte parfait. Nous verrons plus loin de quelles institutions nous aurions besoin pour rendre complète et efficace une nouvelle loi sur la matière, et surtout pour permettre aux administrations locales de prescrire les mesures nécessaires en temps utile et opportun.

A cette loi du 26 ventôse an IV, il faut ajouter l'article 471, n° 8, du Code pénal, qui prononce « une amende de 1 fr. à 5 fr. contre ceux qui auraient négligé d'écheniller dans les campagnes ou jardins où ce soin est prescrit par la loi et les règlements. » Cette disposition nouvelle du Code ne change en rien l'économie de la loi de l'an IV, mais comme elle modifie la pénalité, elle change aussi la juridiction. Enfin une circulaire du ministre des finances, du 11 avril 1821, dispense les forêts et les lisières d'icelles de l'opération de l'échenillage, en se fondant sur ce que « la loi du 26 ventôse ne pouvait pas plus s'appliquer aux forêts que les dispositions du Code civil sur les élagages, et que d'ailleurs la dépense qui en résulterait serait énorme, quand même on se bornerait aux lisières des bois ; que si l'échenillage n'avait lieu que sur les lisières, il produirait peu d'effets, parce que les insectes placés sur les taillis de l'intérieur, gagnant de proche en proche, finiraient par atteindre les arbres qui en auraient été purgés. » [1]

Tel est maintenant l'ensemble de la législation française sur la destruction des insectes nuisibles et à laquelle on reproche surtout :

1º De n'être applicable qu'aux chenilles, tandis qu'elle laisse en dehors une foule d'autres larves ou d'insectes également nuisibles;

2º De n'être obligatoire que jusqu'au 22 février de chaque année et, par conséquent, d'épargner une foule de chenilles *mineuses* et autres, dont l'apparition n'a lieu que plus tard, et dont les ravages sont beaucoup plus considérables ;

3º Enfin de confier le soin de son exécution aux officiers de l'état civil, qui sont responsables des négligences; et la constatation des contraventions aux gardes champêtres et à la gendarmerie, fonctionnaires dont les connaissances sont peu en rapport avec de semblables attributions.

Quoiqu'il en soit, et quel que soit le degré d'importance que l'on attache à ces objections, ce qui doit le plus étonner, ce sont moins les dispositions incomplètes et insuffisantes de la loi, que la négligence avec laquelle l'échenillage est pratiqué dans beaucoup de localités, et aussi par certaines administrations sur les domaines dont elles ont la jouissance, lesquelles fondent leur inertie sur une interprétation trop étendue de la circulaire ministérielle du 11 avril 1821.

En terminant l'historique qui précède, je dois encore mentionner deux tentatives faites pour étendre ou compléter la loi du 26 ventôse an IV.

---

[1] Voy. *Traité général des eaux et forêts*, 1ʳᵉ partie, p. 909, tome II.

En 1839, M. Martin (du Nord), alors ministre de l'agriculture et du commerce, a présenté, à la chambre des pairs, un projet de loi qui n'a pas abouti, lequel d'ailleurs était encore incomplet, mais dont les dispositions étaient applicables à *tous* les insectes nuisibles ; ce projet autorisait aussi les préfets à prendre les mesures qu'ils croiraient utiles pour la destruction des insectes nuisibles, et cela sans désignation de temps ni d'espèces [1].

En 1849, à l'époque où les propositions de toutes sortes abondaient à la tribune de l'Assemblée constituante, un projet de loi, dû à l'initiative d'un représentant dévoué depuis longtemps aux intérêts de l'agriculture, M. Richard (du Cantal), n'a pas eu de sort plus heureux que celui de M. Martin (du Nord). Il renfermait cependant des dispositions plus complètes et dont l'adoption devait certainement faire faire un grand pas à cette importante question [2].

Avant d'aborder l'examen des moyens qui peuvent amener la solution de plusieurs problèmes d'entomologie pratique, et d'indiquer ce que, collectivement ou individuellement, nous pouvons faire pour coopérer efficacement à cette œuvre d'intérêt général, il est bon de fixer son attention sur une question souvent controversée, résolue différemment par des hommes très-compétents et par plusieurs compagnies savantes.

Une loi sur l'échenillage est-elle utile, nécessaire, possible, et cette opération elle-même n'est-elle pas souvent nuisible ?

L'affirmative et la négative ont été tour à tour exposées et soutenues par des arguments fort justes. Il n'est pas inutile d'en rappeler les principaux, d'en examiner la valeur, de faire connaître les objections par lesquelles on y a répondu, afin de permettre à ceux qui n'ont pas de parti pris, d'asseoir leur opinion et de formuler leur jugement.

---

[1] Voyez, pour l'exposé des motifs, le *Moniteur* de 1839, page 24, et pour le projet de loi, le *Moniteur* de 1859, page 29.

[2] Voyez, pour l'exposé des motifs et les articles du projet, la *Revue zoologique* de Guérin Meneville, février 1850.

Aux objections présentées plus haut contre la loi du 26 ventôse an IV, les adversaires de tout échenillage, légal ou non, invoquent encore la circulaire ministérielle adressée, en 1821, à l'administration des forêts, laquelle dispense les propriétaires de bois de faire écheniller. Il y a là, selon eux, une injustice flagrante qui consiste à forcer l'échenillage d'un jardin contenant quelques arbres, tandis que, dans son voisinage, le propriétaire d'une forêt sera dispensé de cette opération, même sur la lisière, ses arbres fussent-ils rongés par les chenilles.

A ces arguments, les partisans de l'échenillage répondent d'abord qu'il ne faut pas conclure qu'une pratique soit absolument mauvaise parce que la loi qui la réglemente est mal conçue, mal appliquée ou incomplète. Tous reconnaissent que des dispositions légales nouvelles sont nécessaires, en ajoutant toutefois que si l'on n'obtient pas tous les résultats désirables de celles en vigueur, c'est parce que très-souvent elles ne sont pas exécutées. Quant à la circulaire que l'on invoque, on peut y répondre en disant que le nombre des espèces de chenilles polyphages n'est pas si considérable; — que l'essence même des forêts s'opposera souvent à l'invasion des chenilles provenant de celles-ci dans les vergers voisins; — que, dans beaucoup de cas, le contraire aura plutôt lieu, parce qu'elles trouveront plus facilement à se nourrir dans un bois où les arbres sont nombreux et rapprochés, tandis que, dans un jardin, ces arbres sont plus éloignés et en nombre limité· — que dans les forêts les dégâts ordinaires sont de peu d'importance, puisqu'en général on n'y élève des arbres que pour le bois, tandis que dans les vergers il n'est pas nécessaire qu'une espèce soit abondante pour faire manquer la récolte des fruits et par conséquent causer un plus grand dommage; — que dans les cas où une espèce devient assez multipliée pour ravager une forêt, les dégâts ne sont que momentanés et ne durent que deux ou trois ans, après lesquels les insectes disparaissent d'eux-mêmes souvent sans causes connues; — que dans les jardins, au contraire, les chenilles peuvent et ont souvent des raisons pour émigrer et aller se jeter sur les propriétés voisines; le papillon produit dans celle-ci ira faire sa ponte plus loin, et, de proche en proche, toutes les plantations de la contrée pourront être infestées; — qu'enfin un travail de quelques heures suffit souvent dans un jardin pour détruire beaucoup de chenilles et, par conséquent, sauver la récolte des fruits, tandis que, pour économiser une faible perte dans la production du bois, il faudrait faire des dépenses considérables pour anéantir les chenilles d'une forêt. Les adversaires des lois sur l'échenillage ajoutent encore que dans les forêts ce sont souvent les scolytes qui causent le plus de ravages, et que la loi est impuissante pour les atteindre; cette objection est plus spécieuse que réelle, elle prouve seulement que la législation est à refaire, mais elle ne prouve pas que l'on ne puisse atteindre le propriétaire qui ne fait pas abattre et enlever immédiatement les arbres attaqués par ces xylophages.

Un reproche souvent adressé aux méthodes d'échenillage et par conséquent à leur emploi, est l'impossibilité de pratiquer cette opération d'une manière complète et générale. On ne saurait espérer qu'un pareil résultat puisse jamais être atteint; mais de ce que l'on ne peut détruire tous les loups d'une contrée, faut-il en conclure qu'il ne faille plus les chasser? Et de ce qu'une loi ne peut éviter tout le mal qu'elle se propose de détruire, faut-il pour cela en conclure qu'il n'y a rien à faire et que la répression est inutile? Parmi les adversaires les plus déclarés de l'échenillage légal, beaucoup conviennent d'ailleurs que cette opération bien faite est très-souvent utile.

Une objection beaucoup plus sérieuse faite aux partisans de l'échenillage est fondée sur ce que l'intérêt bien entendu des propriétaires ou des fermiers suffira toujours pour les contraindre à détruire les insectes qui leur porteront préjudice, et qu'en définitive les pays qui passent à juste titre pour être les plus avancés en agriculture, tels que la Belgique, l'Angleterre et les États-Unis, sont aussi ceux où il n'existe aucune disposition légale concernant l'échenillage.

Il faut bien peu connaître la ténacité avec laquelle nos cultivateurs, en général, persistent dans la pratique de méthodes les plus contraires à leurs intérêts, et leur insouciance pour tous les maux qui ne les frappent que partiellement, pour croire qu'on les amènera facilement à faire ce que préconisent les *bès Messieurs de lé ville*. Depuis combien d'années ne leur répète-t-on pas, sous toutes les formes et sur tous les tons, que la manière dont ils aménagent leurs fumiers est des plus mauvaises et qu'ils en perdent constamment les produits les plus fécondants! Allez dans nos villages et vous verrez si les campagnards se convertissent facilement à ces théories, dont l'évidence est cependant bien loin d'être contestée par beaucoup d'entre eux.

Si l'Angleterre et les États de l'Union sont plus avancés que nous en agriculture, c'est que ces pays ont des institutions qui nous manquent, et non parce qu'ils n'ont pas de législation en matière d'échenillage. C'est surtout parce que leurs habitants, plus éclairés et moins routiniers que les nôtres, mettent constamment à profit les indications fournies par la science.

D'ailleurs, dans les pays cités par nos adversaires, on y pratique partout les procédés divers indiqués pour détruire les insectes nuisibles, tels que l'échenillage, les changements de culture, les fumures spéciales, etc., et cela sans que les habitants y soient contraints par la loi, mais simplement parce qu'ils sont plus éclairés que chez nous et qu'ils savent dépenser utilement leur argent et supporter plus de peines pour récolter davantage.

Enfin le grand argument des adversaires de l'échenillage et de toute destruction des insectes nuisibles, est fondé sur ce que, dans la nature, toutes les espèces sont maintenues dans un état constant d'équilibre, qu'aucune d'elles ne saurait rester longtemps dominante, et que les invasions les plus redoutables finissent par disparaître d'elles-mêmes au bout de deux ou trois ans.

Le parasitisme semble en effet une loi entomologique assez générale, et l'on connaît des chenilles et des larves qui servent de berceau et de nourriture à plusieurs espèces. Mais de ce que les Ichneumons ou les Tachines, pour opérer leur évolution, détruisent une grande quantité de chenilles, faut-il pour cela ne s'en rapporter qu'à leurs instincts et à leur multiplication pour détruire les chenilles ou les larves que nous pouvons atteindre? Si, fort heureusement, les grands dégâts causés dans les forêts par ces animaux ne durent que quelques années, il n'en est pas de même de ces dégâts partiels, incessants que nous causent annuellement l'Altise dans nos colzas, l'Hispe dans les luzernes du midi, le Coupe-Bourgeon dans nos vergers, l'Alucite dans nos blés, le Charançon dans nos greniers, et cela en dépit des parasites qui attaquent la larve de quelques-unes de ces espèces?

Peut-on admettre que le nombre des chenilles ou des larves allant en augmentant, celui des parasites suive toujours la même proportion, et que les générations des unes et des autres soient concordantes? N'est-il pas probable que de grands dégâts soient déjà accomplis avant que le parasite sur lequel on compte pour les arrêter n'ait fait son apparition? Faut-il enfin, pour se débarrasser des chenilles, les laisser manger toutes nos récoltes afin d'avoir le plaisir de les anéantir en les faisant mourir de faim, ou donner aux parasites le temps d'apparaître et de se multiplier en quantité suffisante. Je crois qu'en général on ne saurait compter avec raison sur le secours des Ichneumons ou autres parasites que dans les cas où plusieurs générations peuvent avoir lieu pendant l'évolution normale des chenilles, nymphes ou larves destructrices.

Quelle que soit la part d'influence que l'on doit accorder à ces auxiliaires naturels pour la destruction des espèces nuisibles, on ne saurait admettre, avec M. Amyot, que l'échenillage détruise les parasites en plus grande proportion que les chenilles, et que, par conséquent, cette opération soit plus nuisible qu'utile.[1]

Cette étrange opinion, émise par un entomologiste sérieux et très-instruit, n'empêche pas M. Amyot d'ajouter un peu plus loin que l'échenillage bien fait profite à tout le monde. S'il arrive souvent que, dans les années abondantes en chenilles, on en trouve, sur trois d'entre elles, deux qui sont ichneumonées, on ne saurait admettre que cette proportion soit applicable à la totalité du nombre, parce que celles qui sont rencontrées par les observateurs, sont précisément celles qui, étant plus en évidence, sont par cela même plus exposées aux attaques des hyménoptères ou diptères parasites.

Enfin, comme il faut que le Français rie de tout, même des choses les plus sérieuses, je citerai encore le syllogisme fait à propos du sujet qui nous occupe : Plus il y a de chenilles, plus il y a d'ichneumons ; or, plus il y a d'ichneumons, moins il y a de chenilles, donc plus il y a de chenilles, moins il y a de chenilles ! Raisonnement magnifique et qui peut d'ailleurs être employé avec le même succès par les champions des deux camps.

La mouche de Hesse (*Cecidomyia destructor,* Say.) ne s'est-elle pas répandue dans toute l'Amérique du Nord, malgré le Cérophon qui attaque sa larve en si grande quantité que souvent peu de Cécidomyies éclosent ?[2] Le charançon du blé (*Sitophilus granarius,* Sch.), qui est si préjudiciable à nos céréales emmagasinées, en continue-t-il moins ses ravages malgré le Ptéromale qui en attaque la larve et dont la quantité est quelquefois telle que les tas de blé sont couverts par ce diptère parasite ?[3] Le parasitisme ne fait donc que limiter le développement de l'espèce nuisible, mais il faut reconnaître que,

---

[1] (Voyez *Annales de la Société entomologique de France*, année 1851, page xxxvi du bulletin, et la *Revue et Magasin de zoologie*, de Guérin-Menneville, année 1850, n° de février.)

[2] Nordlinger, *Die kleine Feinde,* etc., page 531.

[3] Goureau, *Annales de la Société entomologique de France*, page xxxix du bulletin, année 1851.

dans la plupart des cas il est impuissant pour empêcher le mal de se produire. D'ailleurs M. Amyot et ses partisans sont loin d'avoir démontré que toutes les espèces que nous avons intérêt à détruire soient attaquées par des parasites.

Aux nombreuses raisons déjà énumérées dans ce qui précède pour démontrer la nécessité d'une loi sur la destruction des insectes nuisibles, les partisans et les défenseurs de l'échenillage ajoutent encore : que les espèces nuisibles n'envahissent pas tout à coup les cultures d'une contrée ou tous les arbres d'une forêt; mais que, pendant plusieurs années, elles se montrent d'abord d'une manière isolée, qu'ensuite elles s'étendent de proche en proche, jusqu'à ce que des circonstances atmosphériques ou autres, qui nous échappent, viennent favoriser une multiplication prodigieuse contre laquelle nous avons vu le parasitisme impuissant ou presque toujours insuffisant; que, par conséquent, si l'on attaquait vigoureusement le mal dès son apparition, on éviterait souvent ces invasions dévastatrices, ou au moins on en diminuerait considérablement l'étendue en surface ou en intensité.

Ils ajoutent encore que si l'on force un industriel, un propriétaire à exécuter certaines mesures de police dans l'intérêt de la santé et de la salubrité publiques, on peut aussi très-bien forcer un cultivateur ou jardinier à écheniller afin d'empêcher les insectes qui le rongent de causer préjudice à ses voisins, et peut-être plus tard à compromettre, par son incurie ou sa mauvaise volonté, la fortune de tout un canton.

Qu'enfin l'échenillage est reconnu utile, quand on veut bien le pratiquer convenablement, opportunément et aussi souvent qu'il est nécessaire. Que, par conséquent, il ne faut pas demander l'abrogation de la loi du 26 ventôse an IV, mais demander qu'on y introduise des dispositions nouvelles, à la hauteur des connaissances entomologiques de l'époque. Qu'on veille à son exécution générale, qu'on en confie la surveillance à des hommes spéciaux, et que les préfets soient éclairés dans la rédaction et la publication de leurs arrêtés concernant la matière, par des conseils analogues à ceux dont ils prennent l'avis en ce qui touche l'hygiène et la salubrité publiques.

En résumé, puisque, malgré les lois d'équilibre qui semblent limiter les proportions relatives de certaines espèces, nous avons néanmoins à en subir trop souvent les atteintes, il faut bien que nous fassions nos efforts pour réduire le dommage à sa moindre *valeur*. Puisque l'ignorance, la paresse, l'incurie ou le mauvais vouloir de quelques hommes, peuvent, dans certains cas, contribuer au développement des chenilles, des larves ou autres insectes nuisibles, il faut bien demander au législateur des armes pour combattre ces ennemis de nos richesses agricoles et vaincre la résistance de ceux qui en favorisent la multiplication.

Que l'on dise si l'on veut que l'échenillage, tel qu'il est organisé, est insuffisant, inutile, absurde même dans certains cas, je le veux bien. Mais dire que, pratiqué tant bien que mal comme il l'est aujourd'hui dans la plupart des localités, il ne donne aucun résultat et que plutôt il favorise le mal qu'il veut détruire, c'est aller beaucoup trop loin, et il n'est pas rationnel de demander la suppression d'une loi, parce qu'elle est incomplète et mal appliquée. Exiger de l'homme la perfection dans ses œuvres, n'est-ce pas condamner l'humanité au travail de Sisyphe et laisser toutes les questions sans solutions, parce que rarement celles-ci sont à l'abri de la critique?

Pour placer les institutions agricoles de notre pays à la hauteur de celles des autres États, il ne suffit donc pas au gouvernement d'encourager les reboisements, la mise en culture de terrains improductifs ou le dessèchement des marais, il faut encore que les connaissances en histoire naturelle soient plus répandues, et que l'enseignement de l'entomologie soit mis à la portée de nos jardiniers et de nos cultivateurs. Il faut surtout qu'il récompense, honorifiquement ou pécuniairement, les naturalistes ou les agronomes qui feront connaître l'histoire de nos espèces nuisibles, les moyens économiques et praticables de les détruire ou de les éviter ; il faut aussi qu'il soutienne et seconde, par des subventions annuelles, l'initiative déjà prise par plusieurs sociétés savantes ou comices agricoles pour favoriser et populariser les recherches de cette nature ; que chaque fois enfin qu'une espèce deviendra compromettante pour les produits agricoles d'une contrée, des hommes spéciaux, dévoués et instruits, soient envoyés sur les lieux, et nul doute que du contact des spéculations théoriques avec le bon sens et l'esprit d'observation de certains cultivateurs, il ne sorte bientôt des procédés rationnels pour éviter ou conjurer les dommages qui nous menacent trop souvent.

On sait depuis longtemps qu'une végétation vigoureuse, une culture bien faite, certains procédés de culture, de chaulage et de fumure, peuvent préserver, souvent dans des limites fort remarquables, les plantes ou les arbres des atteintes ou de l'invasion des insectes ; et, à ce sujet, je dois ajouter que l'on a beaucoup discuté sur la question de savoir si les végétaux ne sont attaqués, par les insectes, que parce qu'ils sont en état de souffrance, ou si ce sont les animaux qui, s'attaquant d'abord à un arbre ou à une plante saine, l'appauvrissent, en font languir la végétation et permettent ainsi le développement anormal du nombre des individus ou l'invasion ultérieure de nouveaux parasites. Nous aurons sans doute à revenir sur ce sujet important et qui intéresse surtout le reboisement des terrains et l'aménagement des forêts.

Ce n'est pas seulement au point de vue des progrès du jardinage que l'introduction d'espèces ou de variétés précoces ou tardives peut avoir de l'importance, mais encore dans la diminution, l'éloignement ou la destruction des insectes nuisibles. Dans la culture d'une espèce hâtive, on donne souvent à la plante le temps nécessaire pour acquérir assez de force et de vigueur pour résister aux atteintes de quelques insectes, ou rendre impossibles les attaques de certains parasites ; les espèces en retard, au contraire, ne commençant leur végétation qu'après la ponte ou après l'éclosion des œufs, peuvent ainsi empêcher le développement de plusieurs espèces ou d'un trop grand nombre d'individus en plaçant ceux-ci dans des conditions anormales.

Une circonstance qui bien souvent amène des mécomptes et cause bien des tentatives inutiles, c'est que ce ne sont pas partout les mêmes espèces qui attaquent les arbres de nos vergers, de nos forêts, ou les plantes de nos jardins et nos céréales. Ainsi, les oliviers sont ravagés par la *Tinea alecila* dans le département du Gard, tandis que dans le Var et dans l'Hérault cette espèce est à peine connue et que la récolte des olives y est souvent compromise par le *Dacus oleœ*. L'*Hyponomeuta padella* est souvent si abondante dans le midi de la France, qu'en général, sur trois récoltes des pommiers, elle en détruit deux ; en Normandie, en Bretagne, dans le nord et en Belgique, ces mêmes arbres sont ravagés par les pucerons (*Aphis laniger*), et en 1851, dans le département de la Moselle, la plupart des pommiers étaient attaqués par la *Geometra pomonaria*. Il est inutile de multiplier la citation de faits analogues pour montrer la nécessité de bien préciser l'espèce à laquelle on veut appliquer tel ou tel procédé de destruction, parce que les moyens reconnus efficaces dans certains lieux pourront ou devront nécessairement échouer ailleurs si l'on n'a pas affaire à la même espèce, ou si, étant la même, elle se trouve dans une autre période de son développement. Il est donc évident que, dans la plupart des cas, les mesures à prendre sont essentiellement locales, et que les autorités ne sauraient en général les prescrire convenablement sans prendre l'avis des hommes compétents.

Enfin, en terminant ces considérations, je dois encore signaler une erreur assez généralement répandue, laquelle consiste à faire croire que les hivers rigoureux font périr beaucoup d'insectes.

La nature prévoyante a donné à chaque individu l'instinct nécessaire à la conservation de son espèce, et ceux qui auraient trop à souffrir d'un abaissement considérable de température, savent bien chercher d'avance un abri contre cette éventualité et placer leurs pontes dans les conditions les plus favorables. On sait d'ailleurs que les œufs, les larves, les nymphes ou les insectes parfaits, peuvent supporter, sans mourir pour cette cause, un froid progressif de 25 ou 30° au-dessous de zéro ; on sait aussi que les hivers secs et rigoureux sont au contraire, en général, suivis d'étés abondants en insectes.

Mais ce qui ne peut nuire à ces animaux ou à leurs larves dans les conditions où la nature les condamne à passer l'hiver, n'agit plus de même quand quelques beaux jours de printemps les ont fait sortir de leur abri, ou que leurs larves ont déjà recommencé à parcourir les diverses phases de leurs métamorphoses. Alors les gelées tardives, les bourrasques, les pluies froides ou continuelles en font périr de grandes quantités, et si ces intempéries nuisent quelquefois à nos cultures, elles nous préservent parfois en même temps de la multiplication dangereuse d'un bon nombre d'insectes.

De tout ce qui précède, on est en droit de conclure que ni le parasitisme, ni les intempéries des saisons, ni en général aucun des moyens que la nature emploie pour maintenir l'équilibre dans la proportionnalité des êtres de la création, ne sont suffisants pour nous mettre à l'abri des ravages causés par plusieurs d'entre eux, et que, par conséquent, il faut surtout ici faire l'application du précepte que j'ai pris pour devise : *Aide-toi, le ciel t'aidera.*

Malgré son insuffisance, trop souvent réelle, l'échenillage n'en rend pas moins de grands services dans une foule de circonstances, et il est urgent qu'il soit pratiqué par des hommes moins ignorants en entomologie.

En attendant que l'Etat ait pris les mesures utiles pour le rendre plus général, plus complet et surtout plus applicable aux circonstances variées que présente la vie des insectes nuisibles, il faut que, dans la limite de ses attributions, notre Société encourage et récompense les tentatives faites pour atteindre ce but. Que chacun de ses membres mette à profit les circonstances spéciales dans lesquelles il se trouve placé pour contribuer par ses observations et ses recherches à faire l'histoire entomologique de notre contrée et de nos cultures.

Confiant dans l'accueil bienveillant que j'ai reçu des membres de la Société d'horticulture de la Moselle, j'ose espérer qu'ils voudront bien ouvrir les colonnes de leur publication trimestrielle aux observations inédites, inconnues en France ou peu répandues dans les ouvrages d'agriculture, que j'aurai l'honneur de leur communiquer dans leurs réunions.

Privé, par les devoirs que m'impose ma profession, des loisirs nécessaires pour suivre au dehors toutes les phases de la vie de ces petits êtres, je fais appel à la complaisance de tous les membres de la Société et plus particulièrement à celle des membres collaborateurs dont les travaux journaliers sont plus propices à ces sortes d'observations.

Je mets à leur disposition tous mes instants disponibles et mes faibles connaissances en histoire naturelle, pour leur fournir les renseignements en mon pouvoir sur les insectes dont ils auront à souffrir les atteintes. Que chacun apporte, à cette œuvre d'intérêt commun, sa part d'observation et de dévouement, et nous ne tarderons pas à voir disparaître cette étrange anomalie des difficultés industrielles considérables continuellement vaincues, tandis que nous restons impuissants contre les ravages d'un petit insecte ou d'un animalcule microscopique. Singulier contraste, destiné sans doute à nous rappeler constamment les ressources que nous offre la science d'une part, et de l'autre notre faiblesse et notre impuissance !

Metz, Impr. de Rousseau-Pallez, rue des Clercs, 14.

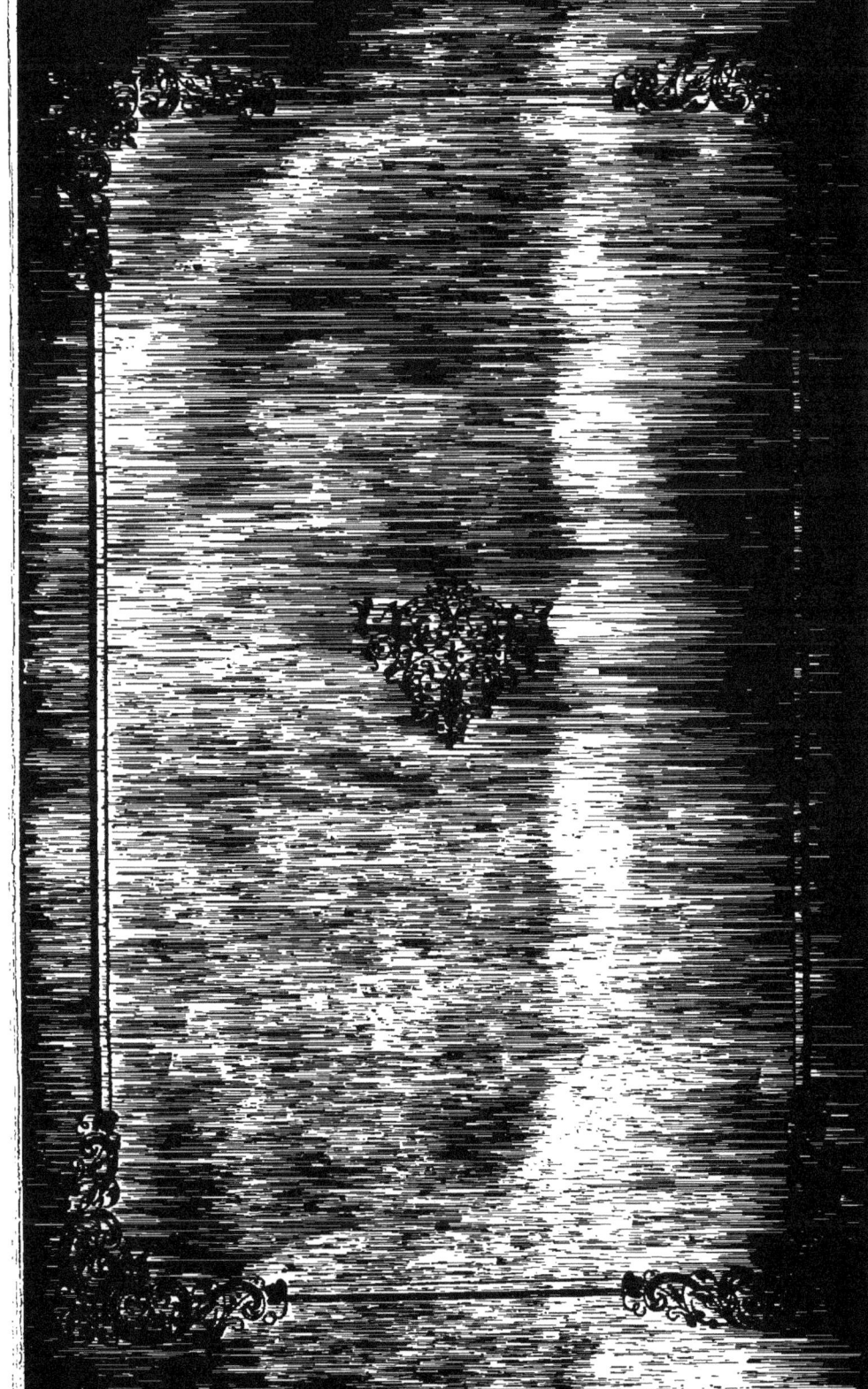

www.ingramcontent.com/pod-product-compliance
Lightning Source LLC
Chambersburg PA
CBHW070524050426
42451CB00013B/2847